鈴木 翼 & 中川ひろたかの

CD Book

うたのつばさ

●楽しくうたって遊ぼう●

鈴木翼・中川ひろたか 著

チャイルド本社

1 ジャンジャラポーズ
- 基本遊び………4
- 遊びのアレンジ……6
- ピアノ楽譜…………46

2 てんとうむし
- 基本遊び………8
- 遊びのアレンジ……10
- ピアノ楽譜…………48

3 はなびがぼん
- 基本遊び………12
- 遊びのアレンジ……14
- ピアノ楽譜…………49

4 がいこつおどるん
- 基本遊び………15
- 遊びのアレンジ……17
- ピアノ楽譜…………52

5 きょうりゅうがどーん
- 基本遊び………18
- 遊びのアレンジ……20
- ピアノ楽譜…………54

6 どんぐりはっけんたい
- 基本遊び………21
- 遊びのアレンジ……23
- ピアノ楽譜…………56

7 おふろ
- 基本遊び………24
- 遊びのアレンジ……26
- ピアノ楽譜…………57

もくじ
鈴木翼＆中川ひろたかの
うたのつばさ
楽しくうたって遊ぼう

8 不思議なサンタクロース
- 基本遊び………28
- 遊びのアレンジ……30
- ピアノ楽譜…………58

9 はやいはやぶさ
- 基本遊び………32
- 遊びのアレンジ……34
- ピアノ楽譜…………60

10 あつまってあっつー
- 基本遊び………35
- 遊びのアレンジ……37
- ピアノ楽譜…………61

11 まわしがまわる
- 基本遊び………39
- 遊びのアレンジ……41
- ピアノ楽譜…………62

12 世界にハーモニー
- 基本遊び………42
- 遊びのアレンジ……44
- ピアノ楽譜…………64

おべんとうバス ペーパードールシアター
- おべんとうバス……66
- 型紙………………70

はじめに……3

＊弾きやすいようにしているため、ピアノのアレンジはメロディ譜・CDと異なる場合があります。

はじめに

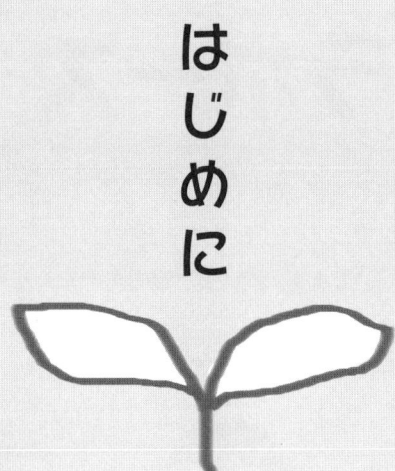

　中川さんからはじめて楽譜が届いた日、鳥肌が立った。ジャンプして喜んだ。ファックスの前で届いたばかりの楽譜をずっと眺めていた。そして、早く子どもたちと遊びたくてわくわくした。まるで遠足の前の日のように。

　保育園で勤務していたぼくは、歌ができるとそれをクラスの子どもたちとうたって、遊びを考えていった。新しい歌がどんどんできて広がっていく。それは本当にすばらしい毎日だった。

　子どもたちがうたう。笑う。踊る。遊ぶ。ぼくもうたって、笑って、踊って、遊んだ。中川さんの曲には、子どもたちをわくわくさせるヒミツの薬が入っていると思う。そして、その薬はどうやら大人も夢中にさせてくれる。

　歌を通して、子どもたちとひとつになっていくような不思議な感覚を中川さんの曲から教えてもらった。この感覚を、この本を手にとってくださったみなさんにもぜひ味わっていただきたい。子どもたちが跳びはねて、踊って、笑う姿をみていただきたい。中川さんのわくわくのヒミツを味わっていただきたい。

　はじめてのCDブックを中川さんといっしょに作れたこと、本当に光栄に思う。

　このCDブックの歌が子どもたちと大人の間に流れていくことを願って。

鈴木　翼

　翼くんがすごいのは、人の悪口を一切言わないこと。思っていても言わない。おれなんか、人の悪口しか言わないもの。すごいね。だからかな、悪く言う人もいない。悪く言うのは、おれくらいだ。

　翼くんといっしょに歌を作ることにしたと発表したら、先輩の先生が、泣いた。号泣した。ああ、この人は、大丈夫だと思った。

　ご両親が、すばらしい。デザイナーのお父さんと、看護師のお母さん。ものすごく優しい。翼くんは、お父さんに向かって「チチ」と呼ぶ。お母さんに「ハハ」と呼ぶ。「ねぇ、チチ」って言うの。息子にそう呼ばせた、ご両親は、ソートー優しい。

　翼くんは、夢見がちなところが特徴だ。小さい頃、ほんとに、こびとを探していたと言う。あっちの世界へすぐ行ける。大人になってもその癖はあるらしく、集合時間になっても来ない彼から「考え事してて、荷物を電車のカミダナに置いて来てしまいました」と電話が入る。アミダナだと思うのだが。

　翼くんは、子どもとの時間を大事にしている。子どもとの感じを、その感覚を忘れないようにか、枯らせないようにか、自分のその「なにか」に水をやりつづけている。そこから芽が出、花が咲き、やがて実がなる。それが翼くんの歌だ。子どもたちとの「なにか」が、歌になっている。だから、とってもリアル。子どもに届く。ウケるはずさ。

中川ひろたか

ジャンジャラポーズ

基本遊び

雨の日なんかもう、この歌はすごいストレス発散になります。ぼくは2歳児とよく遊んでいました。大きいクラスの子どもたちとなら、いろんなポーズをいっしょに考えると遊びがどんどん広がっていきます。子どもたちの声をたくさんひろって、変なポーズを楽しみましょう！

1 ♪はるに

2人で向かい合って両手をつなぎます。両手を上げながら互いに近づき、小さくなります。

2 ♪なったら

両手をつないだまま、後ろに広がります。

3 ♪みんなで おどろう

❶から❷までと同様にします。

4 ♪いろんなポーズで

両手をつないだまま、ゆっくりと座ります。

5 ♪ジャンジャラはい

両手をつないだまま、ゆっくりと立ちます。

6 ♪じゃんじゃんじゃらんじゃ …じゃんじゃんじゃらんじゃ

両手両足を思い切り自由に動かします。友達といっしょに、好きな動きを楽しみましょう。

7 ♪はいポーズ！

ピタッと止まって、好きなポーズをとります。

8 ♪じゃんじゃん じゃらんじゃ …はいポーズ！

❻から❼までを繰り返します。どんどん人数を増やしていっても楽しいですね。

Point ポーズをまだ自分で考えつかない年齢の子でも、最後の「はい！ ポーズ」のときに「ハイ！ うさぎ！」「ハイ！ 電車！」といったように、動物や乗り物の名前を投げかけてあげると、遊びが広がります。また、同じポーズを繰り返した方がすぐにできるかもしれませんね。

2歳〜

ジャンジャラポーズ

基本遊び

ジャンジャラポーズ

作詞／鈴木翼　作曲／中川ひろたか

ちょっとざわざわした4月の空気を、ぎゃーっと動いて吹き飛ばしたいなと思ってできた曲。でも、最初は「しゃしんをとろう」という歌でした。それが、春の歌になりましたね。曲が始まったときの春の感じから、ぎゃーって動きだすところが大好きです。「ジャンジャラ はい」って一体何が「はい」なんだか自分でもよくわかっていません。

曲の前半はスローバラード。途中から激しく動き、さらに最後は止まってポーズ。歌の中にいろいろ緩急があって、その落差が命。子どもたちは、いつまでもいつまでも、繰り返して遊ぶんだろうなぁ。

ピアノ譜は **46** ページ

遊びのアレンジ

コンサートを開こう！

みんなでポーズを考えて、コンサート風に発表します。

「こちらへどうぞ」

遊び方

1. お誘いのチケットやチラシを作り、ほかのクラスや園長先生などのお客さんに配ります。
2. 司会は保育者。当日、お客さんはチケットを係に渡して入場（チケット係がいると盛り上がる）。
3. CDの音楽などに合わせて入場。コンサートごっこをして遊びます。

 プログラムを作ってもおもしろいです。

用意するもの

- ニセマイク
- 客席用のいす
- テーブル
- CDラジカセなど
- チケットを入れる空き箱

注意点

🌷 恥ずかしくてやりたくない子には強制しない。舞台上のパフォーマンスだけでなく、チケット係、いす並べなどの会場作りや、チラシ作り、会場の整理係など、いろいろな形でかかわれるようにすることが大切です。

🌷 まずは自分のクラスでやりたい子たちを募り、始めてみましょう。その後、ほかのクラスにも声をかけたり、保育者に来てもらったりすると盛り上がります。

発展

🌷 チラシやチケット、プログラムを子どもたちといっしょに作ってみましょう。

🌷 司会も、やりたい子どもがやるといいでしょう。

ひとことポイント
舞台がないときは、大型ブロックや保育室の机などを代用してもよいでしょう。

4〜5歳向け

ジャンジャラポーズ

遊びのアレンジ

てんとうむし

基本遊び

保育者と子どもが隣り合って遊びます。毎回、触る場所やポーズを替えると楽しいですよ。慣れてきたら、子どもたちにも考えてもらうとよいですね。また、歌詞をダンゴムシやクワガタムシ、ドングリムシなどに替えれば、季節に合わせて遊べますよ。

1 ♪あ　てんてんてん　あ　てんてんてん

【保育者】最初の「♪てんてんてん」で、パチパチパチと拍手をします。
【子ども】次の「♪てんてんてん」で、保育者と同様にします。

2 ♪あ　とうとうとう　あ　とうとうとう

【保育者】最初の「♪とうとうとう」で、右→左→右と手を上げます。
【子ども】次の「♪とうとうとう」で、保育者と同様にします。

3 ♪てんとう　てんとう　てんとう

【保育者】①と②の動きを合わせます（「♪てん」は拍手をし、「♪とう」は右↓左↓右の順に手を上げます）。

4 ♪むし

【保育者】鼻をつまみます。

5 ♪てんとう　てんとう　てんとう

【子ども】③の保育者と同様にします。

6 ♪むし　♪むし

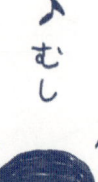

【子ども】④の保育者と同様にします。

2回目　4　6 ♪むし

両手の人さし指を曲げて、頭の横に触角を作ります。

3回目　4　6 ♪むし

両手で眼鏡を作って、両目に当てます。

やってみよう！

「♪むし」のところで、いろいろなポーズをしてみましょう。

【バランスポーズ】
【恐竜ポーズ】

Point 「てんてんてん」を「ゾウゾウゾウ」にして、動物のまねっこ遊びにすると、小さい子のクラスでも簡単にできます。

2歳〜

てんとうむし　基本遊び

作詞／鈴木翼　作曲／中川ひろたか

♩=112

あ てんてんてん　あ てんてんてん　あ とうとうとう　あ とうとうとう

てんとう てんとう　てんとうむし　てんとう てんとう　てんとうむし

春から初夏、子どもたちは毎日虫探し。なかでも、飛ぶ上にいろいろな模様もある「てんとうむし」は大人気です。そのテントウムシをモチーフに、シンプルなまねっこ遊びを作りました。この歌は遊びが先にできて、詞があと。中川さんのメロディーが乗って、子どもたちは1回うたっただけですぐに覚えてしまいました。

虫のマラソン大会で、一番速かったのが「ハエ〜」、のどが渇いてへろへろになったのが「ミ、ミズ」、途中、こけてしまったのが「転倒むし」なんちて。おてんとうさま（太陽）目指して、どこまでも登っていくところからついた名前って知ってた？ その性質といい、デザインといい、テントウムシって、ほんと、すばらしい。

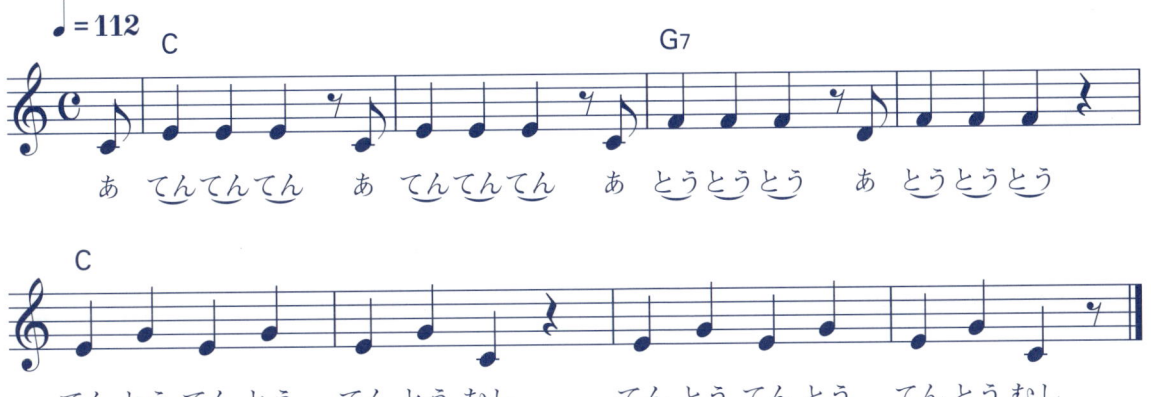

ピアノ譜は **48** ページ

9

遊びのアレンジ

こんなことできるかな？

保育者と子どもが向かい合ってできる遊びです。
遠足のときなどのバスレクにもよいですよ。

遊び方

1. うたう前に「できるかな？」と言ってから始めましょう。
2. 「てんてんてん」を「こんなかお」に替えてうたいます。リズムに合わせ、変な顔をしましょう。
3. 最後は「いないいない、ばあ」で終わります。

こんなかお

1 できるかな？

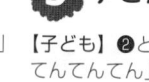

「できるかな？」と言って始めます。

2 ♪こんなかお

【保育者】「♪てんてんてん」の節でうたいます。
ハイ！

【保育者】かけ声をかけて、変な顔をします。

3 ♪こんなかお

【子ども】❷と同様に「♪てんてんてん」の節で。
ハイ！

【子ども】❷の保育者の顔をまねします。

4 ♪こんなかお

【保育者】「♪とうとうとう」の節で。
ハイ！

【保育者】❷とは替えた顔をします。

5 ♪こんなかお

【子ども】❹と同様に「♪とうとうとう」の節で。
ハイ！

【子ども】❹の保育者の顔をまねします。

6 ♪こんなかお

【保育者】❹と違う変な顔をします。

7 ♪こんなかお

【保育者】❻と違う変な顔をします。

8 ♪こんなかお

【保育者】「いないいない、ばあ」のように顔を手で隠します。

9 ♪ばあ！

【保育者】両手を広げて、顔を見せます。

10

♪こんなかお！
　こんなかお！
　　こんなかお！
ばあ！

【子ども】❻〜❾の保育者のまねをします。

発展

ジャンケンゲーム

1 ♪ジャン ジャン ジャン

【保育者】「♪てんてんてん」を「♪ジャンジャンジャン」に替えてうたいます。

【保育者】グーにした手を振ります。

2 ♪ジャン ジャン ジャン

【子ども】❶の保育者と同様にします。

3 ♪ケン ケン ケン

【保育者】「♪とうとうとう」を「♪ケンケンケン」に替えてうたいます。

【保育者】パーにした手を振ります。

4 ♪ケン ケン ケン

【子ども】❸の保育者と同様にします。

5 ♪ジャン　♪ケン　♪ジャン　♪ケン　♪ジャン　♪ケン　♪ポイ！

【保育者】グー、パー、グー、パー、グー、パー……と連続で出します。最後の「ポイ！」で勝負します。

どうぶつのまねっこ

1 ♪あ　うさぎ

【保育者】ウサギのまねをして、ぴょんぴょん跳びながらうたいます。

2 ♪あ　うさぎ

【子ども】❶の保育者と同様にします。

3 ♪あ　うさぎ

【保育者】❶と同様に跳ねてうたいます。

4 ♪あ　うさぎ

【子ども】❸の保育者と同様にします。

5 ♪あ　うさぎ　♪うさぎ　♪はねる

6 ♪ぴょーん

【保育者】❺でリズムに合わせて跳ね、最後は大きくジャンプします。

7 ♪あ　うさぎ　♪うさぎ　♪はねる　♪ぴょーん

【子ども】❺～❻の保育者と同様にします。

いろいろな動物や乗り物になってみよう

●ロケットなら……　●ウシなら……　●ライオンなら……

ほかにも、電話なら「もしもし」と受話器を取る動作をする、お店やさんなら「いらっしゃいませ」とおじぎをする動作など、いろいろ考えてみると楽しいですよ。

3～5歳向け

てんとうむし　遊びのアレンジ

はなびがぼん

基本遊び

座って遊べるように、上半身だけを使った振り付けにしたところ、子どもたちは遊びながらすーっと静かになっていきました。まるで歌に魔法がかかっているかのようでした。夏の時期、特に花火大会のあとなどは、「うたいたい！」と子どもたちから毎日リクエストが来るほどでした。

① ♪おなかにひびく

片手をおなかの辺りに当てて、丸を描きます。

② ♪はなびのおとは

両手を上げ、ゆっくり外側へ広げます。

③ ♪どんどん　ばらどん

「♪どんどん」は、右手→左手の順に、手をパーに開きながら上へ伸ばします。「♪ばらどん」は、大きく円を描くように両手を下ろし、胸の前で1回拍手をします。

④ ♪どんどらどん

❸と同様にします。

⑤ ♪よぞらにひろがる

両手を上げて、右から左へ大きく動かします。

⑥ ♪はなびのおとは…どんどらどん　❷から❹までと同様にします。

⑦ ♪おちてきそうで

両手をパーにして、左右にくねくねさせながら、顔の辺りから徐々に下へ動かします。

⑧ ♪どんばびぼん

「♪どん」で両手をパーに開きながら上へ伸ばし、「♪ばびぼん」は❸の「♪ばらどん」と同様に、大きく円を描くように両手を下ろして、胸の前で1回拍手をします。

⑨ ♪ほしになりそうで

「♪ほしに」は体の右側で、「♪なりそうで」は左側で、両手をひらひらと動かします。

⑩ ♪ぼんばびぼん

❽と同様にします。

⑪ ♪みんなでみあげる

「♪みんなで」は右手をパーにして、体の前で左から右へ動かします。「♪みあげる」は右手の人さし指を立てて、下から上へ指さします。

⑫ ♪きれいなはなび…どんどらどん　❷から❹までと同様にします。

⑬ ♪つきもよろこぶ

片手で体の前に大きな円を描きます。

⑭ ♪きれいなはなび…どんどらどん

❷から❹までと同様にします。

⑮ ♪おちてきそうで…どんどらどん

❼から⓮までと同様にします。

Point イベントのあとなどに静かにうたい、心を落ち着けてみましょう。そうすると、スムーズに次の活動に移ることができます。2歳児は、遊びながら振りを簡単にするとすぐにできますよ。

はなびがぼん

基本遊び　2歳〜

作詞／鈴木翼　作曲／中川ひろたか

花火を見上げていたときのこと。おなかに響く音と、星になりそうな光のかけら。このすばらしさを子どもたちに伝えたいと思った瞬間、夢中で詞を書いていました。次の朝、中川さんから届いた楽譜には、ぼくが思ってもいなかったすてきな美しいメロディーがありました。歌詞が「♪ぽんばぴぽん」なのにですよ。中川さん、すごすぎます。

「はなびがぼん」なんていう元気な歌詞に、どうして、こんなメローな曲がついたのかわからない。でも、花火って、ちょっと寂しいような悲しいような感じって、あるものね。その辺の気持ちが出ちゃったのかも。

ピアノ譜は **49** ページ

3〜5歳向け 遊びのアレンジ

花火のうちわを作ってみよう

吹き流しの技法を使って花火を描き、うちわに仕立ててみます。

はなびがぼん｜遊びのアレンジ

作り方

黒の色画用紙の上に、ポスターカラーやアクリル絵の具で吹き流しをします。

紙の上に絵の具をたらして……
ストローなどで吹く

❷

うちわの形に切り抜きます。

❶で描いた花火の柄が入るようにうちわをのせ、鉛筆で形をなぞる

切り抜く

うちわ本体に❷をはり付け、その上に折り紙で家を作ってはってみましょう。

花火が上がっているように見える

完成したうちわを持って、「はなびがぼん」を踊ってみるといいですね。

鈴を付けると、音が鳴ってかわいい

がいこつおどるん

2歳～

基本遊び

「♪がいこつおどるん」のところで、2歳の女の子が「ふぇーっ」と言いながら両手を握りしめて震えました。怖かったようです。そこからヒントをもらい、サビの振りが完成。2歳児からできる、とっても簡単で楽しい歌になりました。

1 ♪まんまるまんげつ

首を大きく左回りに回します。

2 ♪かがやいて　①の動作を右回りに行います。

3 ♪こんやはがいこつ

「♪こん」「♪やは」「♪がい」「♪こつ」に合わせて、顔を、右→正面→下→正面に向けます。

4 ♪パーティーナイト

③の動作を左方向から行います。

---

5 ♪ほねはゆれるよ

肩を片方ずつ上げ下げします。

6 ♪ぶつかっちゃうよ

⑤と同様にします（「♪ぶつかっ」「♪ちゃう」「♪よ」のリズムに合わせて）。

7 ♪それでもうたうん　ゆかいなやつらさ

③から④までと同様にします。

8 ♪がらがらがっくん　がいこつおどるん

肩を両方同時に上げ下げします（「♪がらがら」で上げ、「♪がっくん」で下げる要領で、休符も含め、3回繰り返します）。

---

9 ♪（ふぅ〜）

両手をグーにして、ブルブル震わせます。

10 ♪ごつごつごっつん　がいこつうたうん

⑧と同様にします。

11 ♪（ふぅ〜）

友達と向かい合って、⑨と同様にします。

12 ♪がりがりがっくん…　がいこつうたうん（ふぅ〜）

⑧から⑪までと同様にします。

2番

13 ♪つきのひかりに…　がいこつうたうん（ふぅ〜）

①から⑫までと同様にします。

やってみよう！

「♪（ふぅ〜）」のところで、後ろや横を向いたり、「○○先生に『ふぅ〜』」と、保育者に向かって震える動作をしたり、自由に楽しみましょう。

Point がいこつになりきって、おばけごっこをしましょう。立って踊っても楽しいです。
とにかく「なりきって」遊ぶことがポイントです。

がいこつおどるん

作詞／鈴木翼　作曲／中川ひろたか

埼玉県から群馬県の保育園に転勤になったときのこと。群馬県の子どもたちが「きょうおどるん?」「なにするん?」と、いつも声をかけてくれました。ちょうど、おばけの歌を作っていたので、その子どもたちの言葉から、タイトルの「がいこつおどるん」が決まりました。中川さんのメロディーを聴いていると、がいこつが踊っている姿が浮かんできますよ。

中川さん、お気に入りの1曲。なかなか妖しい感じが出せたかな。なにか、怖いもの、恐ろしいもの、そんなえも言われぬ感情は、子どもたちに重要です。ただ怖がらせるんじゃなく、「妖しい」想像に浸ること。感性は、まちがいなく深まるん。

ピアノ譜は **52** ページ

遊びのアレンジ

がいこつパーティーナイト！

がいこつのコスプレをして、パーティーを開いてみましょう。
夏はおばけ屋敷ふうにしたり、ハロウィーンなら
カボチャを飾ったりしても楽しいですよ。

3〜5歳向け

がいこつになろう

- がいこつお面
- 黒ビニール袋で作った衣装

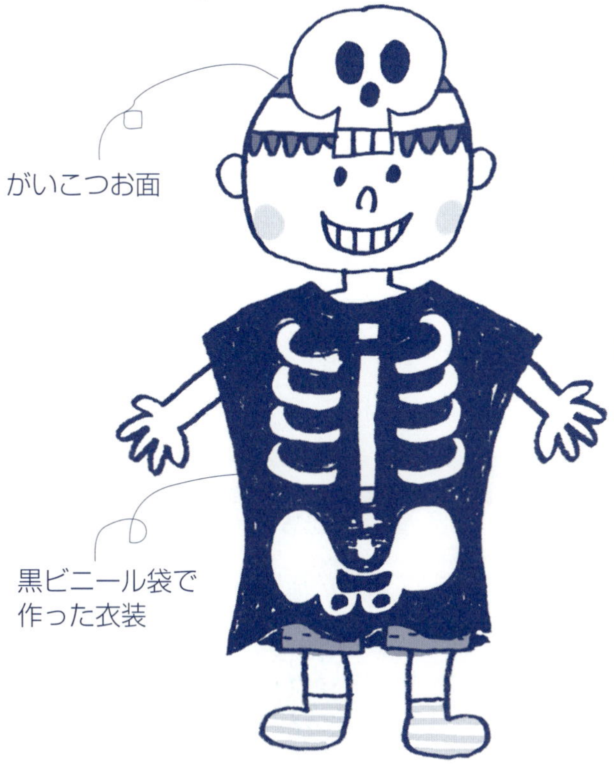

お面の作り方

❶ 頭のサイズに合わせて画用紙を切る

外側に折る

❷ 図のように輪ゴムを2本、セロハンテープで留め付ける

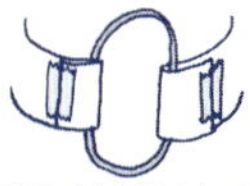

輪ゴムが付いたところ

❸ しゃれこうべの絵を描いて切り抜いたものをはってできあがり

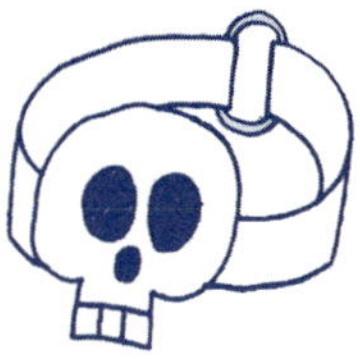

衣装の作り方

❶ 頭と腕が出るところを切り取る

❷ 白い紙で、胴体の骨を作って両面テープではり付ける

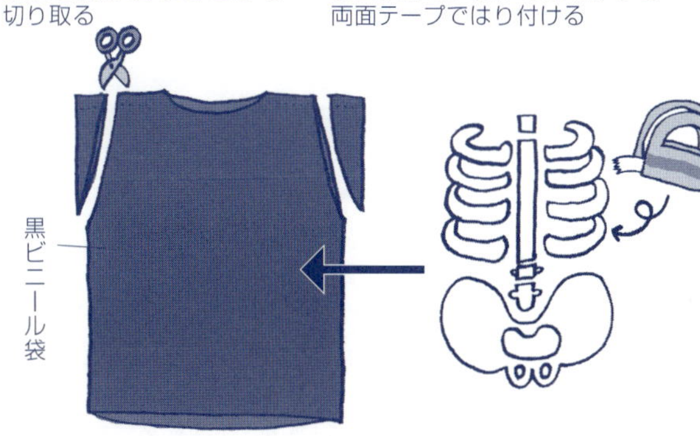

黒ビニール袋

会場作り

ひもにコウモリやカボチャ、がいこつなどの飾りを付けましょう

窓にも黒いビニールをはっておばけ屋敷のような演出をしてもOK

テーブルには白いクロスをかけ、メニューを置いてみましょう

ホネホネメニューで楽しく

がいこつらしい、骨を連想させるパーティーメニューを考えてみましょう。

骨にいいホネホネジュース
牛乳やミルクセーキなど

ホネホネプリン
杏仁豆腐やミルクプリン、ヨーグルトなど「白いもの」であることがミソ

がいこつおどるん／遊びのアレンジ

きょうりゅうがどーん

基本遊び

子どもたちの前で「♪きょうりゅうがどーん」とうたうと、なん人かがジャンプしました。「どーん」の言葉に反応したようで、それがそのまま遊びになりました。メロディーもすごく覚えやすいので、1歳児クラスでも大人気の触れ合い遊びです。

1 ♪どっしんしん どっしんしん きょうりゅうが

リズムに合わせて足踏みします。

2 ♪どーん

ジャンプします。

3 ♪あしおとひびかせ やってきた（どーん）

❶と同様にしたあと8拍目（休符）で「どーん」とかけ声をかけながらジャンプします。

4 ♪おおきなしっぽを

❶と同様にします。

5 ♪ふりならし

足を肩幅くらいに開いて立ち、上半身を左右に揺らします。

6 ♪どっしんしん どっしんしん あるいてく（どーん）

❶と同様にしたあと8拍目（休符）で「どーん」と言ってジャンプします。

7 ♪ネズミもスリッパも とびはねる（どーん）
❸と同様にします。

8 ♪どっしんしんの リズムでとびはねる （どーん）
❻と同様にします。

9 ♪どっしんしん どっしんしん
❶と同様にします。

10 ♪ありゃま こりゃま

❺と同様にします。

11 ♪どっしんしん どっしんしん　❶と同様にします。

12 ♪あっとと

しゃがみます。

13 ♪おっとっと

ジャンプします。

2番 **14** ❶から❸と同様にします。

Point ～リーダー（保育者）が「どーん」と言ったらジャンプをします。
慣れてきたら、いろんなところで「どーん」と言ってみましょう。

3〜5歳向け

きょうりゅうがどーん

基本遊び

きょうりゅうがどーん

作詞／鈴木翼　作曲／中川ひろたか

どっしんしん　どっしんしん　きょうりゅうがドーン　あしおとひびかせ　やってきた
ずっしんしん　ずっしんしん　きょうりゅうがドーン　あとからあとから　やってくる

おおきなしっぽを　ふりならし　どっしんしん　どっしんしん　あるいてく
おおきなからだを　ふりならし　ずっしんしん　ずっしんしん　あるいてく

ネズミも　スリッパも　とびはねる　どっしんしんのリズムで　とびはねる　ー
パーパも　マーマも　ぼくたちも　ずっしんしんのリズムで　とびはねる　ー

どっしんしん　どっしんしん　ありゃまこりゃま　どっしんしん　どっしんしん　あっとおっとっと
ずっしんしん　ずっしんしん　ありゃまこりゃま　ずっしんしん　ずっしんしん　あっとおっとっと

子どもたちに「恐竜の歌を作って！」と言われたのがきっかけ。最初、「♪ネズミもリスもとびはねる」という歌詞でうたっていたら、年長の子どもたちが「♪ネズミもスリッパもとびはねる」とうたい出しました。古代の恐竜を想像していたぼくは「スリッパ」と聞いてびっくり。そのまま、恐竜が現代にやって来たという発想に切り替わり、2番の歌詞もあっという間にできたのでした。

恐竜になって、どしんどしんやったら、こりゃ、楽しいね。部屋から、庭に出て、そのまま、外に行って、どしんどしんお散歩したら、まったく、すばらしい。もちろん、この歌、うたいながら。

ピアノ譜は **54** ページ

19

1歳〜 遊びのアレンジ

小さい子向きの遊び
子育て支援や親子遠足のときに。
お子さんをひざに乗せて遊ぶと盛り上がります。

きょうりゅうがどーん　遊びのアレンジ

1番

1 ♪どっしんしん　どっしんしん　きょうりゅうが

子どもをひざの上に乗せて、リズムに合わせて体を軽く揺らします。

2 ♪どーん

子どもを持ち上げて、「たかいたかい」をします。

3 ♪あしおとひびかせ　やってきた

❶と同様にしたあと、8拍目（休符）で「たかいたかい」をします（ここで、「ほい！」とかけ声を入れても楽しいでしょう）。

4 ♪おおきなしっぽを　❶と同様にします。

5 ♪ふりならし

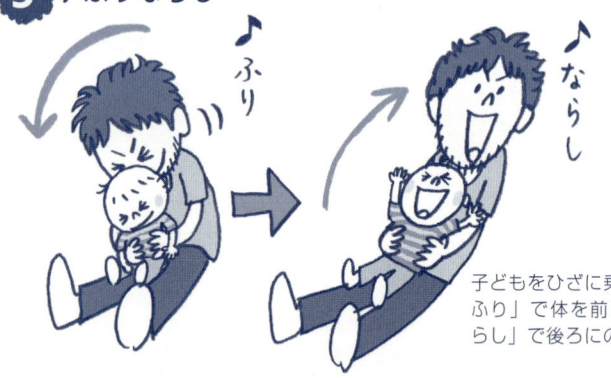

子どもをひざに乗せたまま、「♪ふり」で体を前に倒し、「♪ならし」で後ろにのけぞります。

6 ♪どっしんしん　どっしんしん　あるいてく

❸と同様にします。

7 ♪ネズミもスリッパもとびはねる　どっしんしんのリズムでとびはねる

❸の動作を2回繰り返します。

8 ♪どっしんしん　どっしんしん

❶と同様にします。

9 ♪ありゃま　こりゃま

子どもをひざに乗せたまま、「♪ありゃま」で右に、「♪こりゃま」で左に体を揺らします。

10 ♪どっしんしん　どっしんしん　❶と同様にします。

11 ♪あっととおっとっと

子どもをひざに乗せたまま、「♪あっとと」で左に、「♪おっとっ」で右に体を揺らし、「♪と」でまっすぐの姿勢に戻ります。

2番

12 ♪ずっしんしん　ずっしんしん　…あっととおっとっと

❶から⓫までと同様にします。

どんぐりはっけんたい

基本遊び

子どもたちと遊んでいるうちに、童謡「ロンドン橋」のような遊びができました。
橋役の子どもが飽きてしまわないように、みんなで踊れる振り付けにしました。
橋役になっても、踊る楽しみと捕まえる楽しみが味わえるので、子どもたちは大喜びです。

クラス全員で輪になって遊びます。あらかじめ、橋になる子どもを2組決めておきましょう。

1番

1 ♪あきのむしが ないてるぞ

両手を腰に当てて、おしりを振ります。

2 ♪それ どんぐりどんぐりはっけん

両手をグーにしてかいぐりをし、おしりを振りながら徐々にしゃがんでいきます。

3 ♪だい

立ち上がって両手を大きく広げます。

4 ♪あきかぜもりをゆらしたぞ …はっけんだい
❶から❸までと同様にします。

5 ♪どらどらどらどら こっちにあったっ

あらかじめ決めておいた橋役の2組が、それぞれ橋を作ります。ほかの子どもたちは、どちらかの橋の下をくぐります。

6 ♪たい

橋役の子どもたちがしゃがんで、橋の下をくぐっている子どもを捕まえます。
うまく捕まえられるかな？

7 ♪もりのきのしたおちてるぞ …はっけんたい
❶から❸までと同様にします。
橋役の子どもたちもいっしょに踊りましょう。

2番

8 ♪あきのむしがないてるぞ …はっけんたい

❶から❼までと同様にします。
1番の❻で捕まえられた子どもは、2番では橋役に加わります。
保育者も橋になったり橋の下をくぐったりして参加し、自由に楽しみましょう。

Point 敬老の日に、おじいちゃん・おばあちゃんと4〜5歳児が橋を作って遊んだところ、とても盛り上がりました。運動会の親子競技などにも取り入れられますね。

どんぐりはっけんたい

作詞／鈴木翼　作曲／中川ひろたか

♩=92

あ きのむ しがないてるぞ それ どん ぐりどん ぐりはっけんだい あきかぜも りをゆらしたぞ それ
どん ぐりどん ぐりはっ けんだい ｛どら どら どら どら こっちに あったったい／ほら ほら ほら ほら ほら あっちに あったったい｝
も りのきのしたおちてるぞ それ ぼくたちどん ぐりはっけんたい

保育園の子どもたちと森へお散歩に行ったときのこと。どんぐりを見つけては「こっちにあった！」「今度はあっち！」とうれしそうに探して歩いていたのを見て、その風景をそのまま詞にしました。今でもどんぐりを握りしめている子どもたちの姿が目に浮かんでくるようです。

どんぐりは、ころころしてる。「どんぐりころころ」という歌を知っているからそう思うのかもしれないけれど。でも、どんぐりは、ころころしてる（最初に、そう言った人は、偉いなぁ）。なので、曲も、ころころした。

ピアノ譜は **56** ページ

| 遊びのアレンジ |

どんぐりで遊ぼう！

どんぐりをモチーフに、追いかけっこや当てものゲームで楽しく遊びます。

2歳〜

 どんぐり取りゲーム

保育者の体に、折り紙などで作ったどんぐりをはり付けて、それを子どもたちが取りに行きます。
基本遊びの振りを一部変えた、やさしい遊びです。

1 ♪あきのむしがないてるぞ…
　あきかぜ　もりをゆらしたぞ…　はっけんだい

2 ♪どらどらどらどら
　こっちにあったったい

保育者が走って逃げ、子どもたちが追いかけてどんぐりを取ります。

基本遊びの❶〜❹と同様にします。

追いかけっこで終わりにしてもOKです。

ひとことポイント
本物のどんぐりを使ってもおもしろいです。ビニールなどに包めば、はり付けやすいでしょう。

 どっちに入ってるかな？

子どもどうしでもできる、当てっこゲーム。
最初に、「どっちに入ってるか当ててみて」と言ってから始めます。

1 ♪あきのむしがないてるぞ…
　あきかぜもりをゆらしたぞ…
　はっけんだい

どちらかの手の中にどんぐりを隠して、左右に揺らします。

2 ♪どらどらどらどら

握った手をぐるぐるとかいぐりします。

3 こっちにあったったい！

「たい！」でぱっと手を開いてどんぐりを見せます。

どんぐりはっけんたい　遊びのアレンジ

おふろ

基本遊び

遊ぶ前に、服を脱いだり畳んだりするまねをして「お風呂に入る準備」から始めると、子どもたちは心のなかではすっかり「すっぽんぽん」に。服を脱ぐまねをしなかった日には、「翼くん！ 服脱いでないよ〜！」と言われてしまうほどです。2歳児にもできる簡単な踊りです。みんなで楽しいお風呂ごっこをしましょう！

1 ♪おふろひとっぷろ

両手を腰に当てて立ち、
リズムに合わせて2回うなずきます。

2 ♪はいるかい　はいるかい

両手を腰に当てたまま、最初の「♪はいるかい」でしゃがみ、次の「♪はいるかい」で立ち上がります。

3 ♪みんなで
ひとっぷろ
はいるかい

❶から❷までと同様
にします。

4 ♪あわだちきぶんは　ふわっふ〜
　きもちがいいよね

「♪あわだちきぶんは　ふわっふ〜」で右方向に、
「♪きもちがいいよね」で左方向に、両手をフニャ
フニャと動かします（フラダンス風に）。

5 ♪あはっは〜　あは〜

両手をグニャグニャと動かしながら、徐々に
しゃがんでいきます（湯気のようなイメージで）。

6 ♪おふろひとっぷろ
…えへっへ〜
えへ〜

❶から❺までと同様
にします。

7 ♪おふろひとっぷろ
…ひとっぷろ
はいるかい

❶から❸までと同様
にします。

8 ♪１２３４５６７８９10

「♪123456789」まではしゃがんで待ち、
「♪10」で大きくジャンプします。

9 ♪おふろひとっぷろ　❶と同様にします。

10 ♪あ　がり

「♪あ」「♪が」「♪り」に合わせて、おしりを左右に振ります。

Point プールに入る前の準備運動にもってこいの遊びです。プールをお風呂に見立てて、熱いふりをして入っても楽しいですよ。

2歳〜

おふろ 基本遊び

おふろ

作詞／鈴木翼　作曲／中川ひろたか

♩=120

お ふ ろ ひ とっ ぷ ろ は い る か い　は い る か い　み ん な で ひ とっ ぷ ろ

は い る か い　あ わ だ ち き ぶ ん は ふ わっ ふ〜　き も ち が い い よ ね／き れ い に なっ た ね

あ はっ は〜 あ は〜／え へっ へ〜 え へ〜　1　2　3　4

5　6　7　8　9　10　お ふ ろ ひ とっ ぷ ろ あ が り

5歳の男の子が、「翼くん！ おれ、ひとっぷろ入ってきた！」と登園してきたのがきっかけ。「ひとっぷろ」ってなんだかよい言葉だなと思いながら、するすると詞ができたのを覚えています。振り付け以外にも、自由に体を洗うまねをすると、よりいっそう楽しめます！

よく、おじいちゃんとお風呂に入っていた。おじいちゃんの肩のくぼみに、お湯をためて遊んでた。数も、あいうえおも、お風呂で教えてもらったんじゃないかな。この歌で、数を覚える子がいるね、きっと。

ピアノ譜は **57** ページ

遊びのアレンジ

タオルを載せてお風呂気分！

タオルやハンカチを頭に載せて、
落とさないように踊ってみましょう。

遊び方

Step 1 2つ折りくらいのタオルを1枚、頭の上に載せて踊ってみましょう。

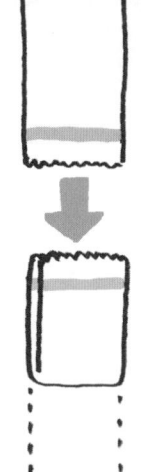

Step 2 タオルをもっと小さく畳んで、踊りに挑戦です。

Step 3 さらに、なん枚も載せて踊ってみましょう。

ひとことポイント
タオルのほかにどんな物が載せられるか、子どもといっしょに探してみましょう。

ルール

 3回落としたらだめ。
落とさないで踊れるか、みんなで勝負。

 落とさずに1曲
踊りきれた子は、次のステップに進むことができます。

さらにレベルアップ　細いところを歩いてみよう

3〜5歳向け

平均台を歩く

タオルの枚数をだんだん増やしてみましょう。

床にビニールテープをはって

2本のテープの間を、はみ出さないように渡ります。

マットの間をジャンプ！

マットを敷いて、となりのマットへジャンプします。距離を変えたり、タオルの枚数を増やすなど、少しずつ難しくしてみましょう。

おふろ　遊びのアレンジ

不思議なサンタクロース

基本遊び

クリスマスは、サンタクロースごっこ歌だけでも楽しめますが、踊るとさらに楽しい！子どもたちに、「おひげはどうやって触る？」なんて聞きながら、シンプルで踊りやすい振り付けができました。みんなでサンタクロースの格好をして踊ってもかわいいかなと思います。

1番

① ♪サンタクロース

サンタクロースになった気分で、プレゼントの袋を両手で担ぐようなしぐさをします。

② ♪おひげさわれば

あごの下に両手を当てて指先を動かしながら、もじゃもじゃのひげを表現します。

③ ♪ゆきがふりだすみんなのまちに

両手を上から下へときらきらさせながら、足踏みをしつつ徐々にしゃがんでいきます（最後は両手を地面に着けます）。

④ ♪サンタクロース
①と同様にします。

⑤ ♪ウィンクすれば

顔の横で手を3回たたきます。

⑥ ♪ツリーのあかりぴかぴかひかる

両手を顔の横できらきらさせながら、その場で一周します。

⑦ ♪ふしぎだね

「どうぞ」とプレゼントを渡すように、両手をパーにして左斜め前に差し出してから、グーにして体の前に戻します。

⑧ ♪サンタクロース
⑦と同様の動作を右方向で行います。

⑨ ♪そらのうえから

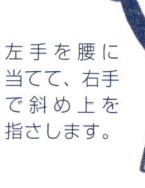

左手を腰に当てて、右手で斜め上を指さします。

⑩ ♪やってくるのさ

右手で握り拳を作り、リズムに合わせて振りながら、右上から左下へと動かします。

⑪ ♪サンタクロース ①と同様にします。

⑫ ♪きっとねがえばみんなのところにやってくるのさ

両手を胸の前で組んで、祈りのポーズをします。「♪みんなの…やってくるのさ」で、同じポーズのまま、ゆっくりとしゃがみます。

2番

⑬ ♪サンタクロース…みんなのところにやってくるのさ
①から⑫までと同様にします。

⑭ ♪ふしぎだねサンタクロース…みんなのところにやってくるのさ

⑦から⑫までと同様にします。最後の「♪みんなのところにやってくるのさ」のあとは、歌詞にはありませんが、「ヘイ！」のかけ声とともに元気よくジャンプ！

Point クリスマス会などで歌をうたうだけでもよいと思います。「サンタさんが、どんなことをすると、なにが起きるのかな？」と子どもたちの意見を尋ね、オリジナルの2番の歌詞をつくってみるのも楽しいですよ。

2歳〜

不思議なサンタクロース

基本遊び

不思議なサンタクロース

作詞／鈴木翼　作曲／中川ひろたか

保育園の子どもたちと「サンタ・トレーニング」という遊びをしました。サンタさんになるためのトレーニングをすると、魔法が使えるようになるという遊びで、歌詞に出てくる「ウィンクすればツリーに明かりがつく」という魔法もありました。そのときの楽しい様子を、そのまま歌にしました。この歌でクリスマスがさらに楽しくなればよいなと思います。

クリスマスの日、世界中の大人たちが、みんなで、ほんとのことを言わないようにしているということに感動する。みんなして、子どもたちの夢を壊しちゃいけないってね。でも、そうしたい気持ちは、うそじゃない。ほんとの気持ち。その気持ちのことを「サンタクロース」っていうのかもしれないね。

ピアノ譜は **58** ページ

遊びのアレンジ

サンタ・トレーニング

ある日届いたサンタクロースからの手紙。
それは、サンタになるための修行プログラムが書かれていて……。
小さな秘密が隠れた、わくわくする遊びです。

遊び方

1. ある日、サンタクロースから届く「トレーニングカード」。サンタになるための5つの課題が書かれています。

2. 課題を1つクリアするごとにシールやスタンプがもらえます。

3. 5つスタンプをもらったら、「サンタの魔法」を教わることができます。

サンタの魔法とは……

■サンタの魔法は1日1回だけ使える。ただし、唱えているところをほかの人に見られてはいけない。

魔法1:ウインクでツリーに明かりがつく。

魔法2:「レーナクシイオ、ホッホッホ」という呪文を唱えると、ごはんがおいしくなる。

子どもがウインク。

ツリーのそばに立った保育者が合図します。

もう一人の保育者が、合図を受けてツリーを点灯します。

サンタ・トレーニングの方法

❶ ホッホッホと笑う

遠くにいるトナカイを呼ぶための呪文の1つ。
いい笑い方をしないとトナカイは来ないのです。

❷ せまい所を通る

細い煙突をくぐってプレゼントを届けるための練習。

❸ 荷物を運ぶ

世界中の子どもたちのために、たくさんのプレゼントを運ぶため。

❹ 「不思議なサンタクロース」をうたう

魔法を覚えるために必要。

❺ サンタの服からすばやく着替える

人に見つかったとき、すぐに普通の人に戻るために。

後日……

カードの代わりにメダルがもらえます。

英語の手紙付き

リボン

厚紙をしんにして金色の紙をはったもの

3〜5歳向け

不思議なサンタクロース

遊びのアレンジ

はやいはやぶさ

基本遊び

早くポーズができた子どもを、「おめでとう〜！」とほめてあげましょう。"目をつぶって！"など、みんなができるポーズにすると、全員が1番になれて、子どもたちは大喜びです！
子どもたち一人ひとりを認めてあげることができる、すてきな遊びになりました。

1 ♪だれが　はやいか

指先を伸ばした左手を、顔の右横から胸の前へとすばやく2回下ろします（「♪だれが」「♪はやいか」のリズムに合わせて）。

2 ♪どのこ　はやいか

❶の要領で、右手を顔の左横から胸の前へとすばやく2回下ろします。

3 ♪はやいはやぶさ

リズムに合わせて4回手をたたきます。

4 ♪ナンバー　ワン！

「♪ナンバー」で2回手をたたき、「♪ワン！」で右手の人さし指を伸ばして、高く上げます。左手は腰に当てます。

5 ♪「ジャンプ！」

保育者は、「ジャンプ！」と声をかけて、子どもたちはポーズをします。早くできたと思う子どもを、「おめでとう！」とほめてあげましょう。

2回目以降

「ジャンプ！」のところを、さまざまなポーズに替えて繰り返しましょう。
そのつどほめてあげると、子どもたちは大喜びです。

Point 〜バスレクにぴったりの遊びです。
参観日のときなどには、ぜひお父さんに前に出てもらいいっしょに遊んでみましょう。
盛り上がることうけあいですよ。

はやいはやぶさ　基本遊び　2歳〜

はやいはやぶさ

作詞／鈴木翼　作曲／中川ひろたか

だ　れがはやいかど　のこはやいか　は　やいはやぶさナンバーワン！

トイレに行くときも、手洗い場に行くときも、1番になるのが好きな子どもたち。並ぶとすぐにけんかになっていたのを見て、誰でも1番になれる遊びを作りました。でも、1番になれなかったときの悔しさも、子どもたちに知ってほしい大事な気持ちですね。保育者にとっては、この遊びが、子どもたち一人ひとりの気持ちを受け止め、認めてあげるきっかけになればうれしいです。

遊びを聞いたときに、こんなテキトーなものがあっていいのかと、一瞬、思いましたが、いいんだね。気持ちのいい「うそ」ごっこ。1番って言われてイヤな気持ちはしないし、「計ったのかよ」とか「根拠ないじゃん」とか言う年齢でもないし。すごいとこ、ついてきたなぁ、翼くん。

ピアノ譜は **60** ページ

3〜5歳向け　遊びのアレンジ

みんなでNo.1

1番になった子がそのつどリーダーを務めることで、どんどんリーダーが交替していく遊びです。

遊び方

1. みんなで輪になって最初のリーダーを決めます。
2. リーダーは、基本遊びの「ジャンプ！」のところを「頭をさわる！」などに替えて指示を出します。
3. 1番早くできた人に「おめでとう！」と言い、1番になった子が次のリーダーになりましょう。

発展

英語で遊ぼう！　短い英語の歌にチャレンジ！

1. ♪ Who's goes fast （だれがはやいか）

2. ♪ You? You? You? （どのこがはやいか）
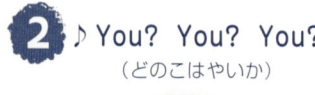

3. ♪ Fast as hayabusa （はやい　はやぶさ）　❶と同様にします。
4. ♪ No.1！

リズムに合わせて拍手します。

みんなを指さしながらうたいます。

「♪ナンバー」までは手をたたき、「♪ワン！」で人さし指を伸ばして高く上げます。

2回目以降　英語でいろいろな指示をします。

head!

Turn left!

You! congratulation!

ひとことポイント
まずは英語で体の名称を覚え、そのあと遊びの中に取り入れていくとスムーズにいくでしょう。

はやいはやぶさ　遊びのアレンジ

あつまってあっつー

基本遊び

体のいろいろな所をくっ付けては離すだけの遊びですが、ものすごく盛り上がります。友達同士でくっ付くのが好きな、2〜3歳児くらいから遊べます。みんなで輪になって集まってもよし、少人数で集まってもよし。寒さを吹き飛ばせること間違いなしです！

2歳〜

あつまってあっつー 基本遊び

1番

① ♪おしりとおしり あつまれ あっつー

2人1組になって、やや離れて背中を向けて立ちます。おしりを振りながら後ろ向きに進み、お互いのおしりを近づけていきます。おしりとおしりがくっ付いたら、「あっつー」と言って跳び離れます。

② ♪あつまりあつまって あっちあっち あっつー さむいときには あつまれ あっつー あつまりあつまって あっちあっち あっつー

❶の動作を3回繰り返します。

2番

③ ♪せなかとせなか あつまれ あっつー

❶の要領で、お互いの背中を近づけていきます。背中と背中がくっ付いたら、「あっつー」と言って跳び離れます。

④ ♪あつまりあつまって あっちあっち あっつー こころもほかり あつまれ あっつー あつまりあつまって あっちあっち あっつー

❸の動作を3回繰り返します。

3番

⑤ ♪おはなとおはな あつまれ あっつー

❸の要領で、お互いの鼻を近づけていきます。鼻と鼻がくっ付いたら、「あっつー」と言って跳び離れます。

⑥ ♪あつまりあつまって… …あっちあっち あっつー

❺の動作を3回繰り返します。

やってみよう！

ほかにも、「♪おててとおてて」「♪あしのうらとあしのうら」など、自由な歌詞で、体のいろいろな部分をくっ付けて遊びましょう。

※痛くならないように、そっと近づきましょう。

Point 群れるのが大好きな3歳児。たくさん集まっては離れて、の繰り返しは「大好きな友達といっしょだ！」という気持ちが高まり、とても盛り上がります。運動会の親子体操に取り入れても楽しいです。

あつまってあっつー

作詞／鈴木翼　作曲／中川ひろたか

♩=116

おしりとおしり / せなかとせなか / おはなとおはな　あつまれ あつー　あつまりあつまって　あっちあっち あっつー

さむいときには / こころもほかり / ぽかぽかいいね　あつまれ あつー　あつまりあつまって　あっちあっち あっつー

寒くなると外に出たがらない子どもが多くなりますね。おしくらまんじゅうもよいのですが、よくけんかになっていました。そこで考え付いたのが、この遊びです。小さい子どもでもできて、体も温まります。曲ができたとき、電話越しに聞こえてくる中川さんの歌声に、ひーひー言いながら爆笑したのを覚えています。すっごくくだらなくて、最高におもしろい！　みんなで、あつまってあっつ〜！

子どものころ、寒い日に、よく、おしくらまんじゅうしてた。集まるだけで、あったかくなる。さらに、激しく集まると、暑くなる。アツまると、アツくなるというだじゃれを、この歌で知った。

ピアノ譜は **61** ページ

遊びのアレンジ

鬼ごっこバージョン

体をくっ付けて遊ぶ「あつまってあっつー」を応用した"鬼ごっこ"。
鬼にタッチされないように、「さんかく」「しかく」「まる」のエリアに集まります。

4～5歳向け

遊び方

あつまって
あっつー
さんかくー!!

まず鬼が、みんなが集まる陣地を叫びます。

ライン引きなどで園庭に陣地を作っておきましょう

子どもたちは鬼にタッチされないように指定の陣地に移動します。

ゲームが進むと鬼にタッチされ陣地に入れない子ども（鬼）が増えます。

あつまって～!
あっつ～!!
マル～!!

タッチ!!
オニで～す!

やがてほとんどの子どもが鬼側になり陣地の外へ。逃げるのはだんだん困難になります。

ナンバー1

最後に残った1人（またはなん人かいてもOK）が勝ち。

あつまってあっつー
遊びのアレンジ

3~5歳向け

あつまってあっつー

遊びのアレンジ

フープなどを使って

ラインを引くかわりに、フープやなわとびのなわを使って丸い陣地を作り、「あつまれ、あっつー！」のかけ声で別の陣地へ移動します。

ルール

🌷 隣の陣地へは移れません。

🌷 陣地に入れるのは2人まで。3人以上になったら
じゃんけんで負けた子が鬼側へ
（鬼から逃げのびてほかの陣地に逃げこめればOK）。

🌷 陣地に1人だけの場合は鬼にタッチされてしまいます。

※陣地に入れる人数の上限は任意に決めましょう。

まわしがまわる

基本遊び

おすもうさんごっこの前の準備運動として踊ったり、寒いときに外で踊ったりすると、体も心も楽しくなります。2歳児から大きいクラスの子たちまで、体のいろいろな部分を回して遊びましょう。子どもたちは、一度踊っただけですぐに遊びを覚えてしまいますよ。

1回目

1 ♪この まわしが ね

「♪この」で相撲の"はっけよい"のポーズをします。「♪まわしが」で立ち上がって両手を腰に当て、「♪ね」で両手を上げます。

2 ♪すごいんだ

❶と同様にします。

3 ♪つけたときから

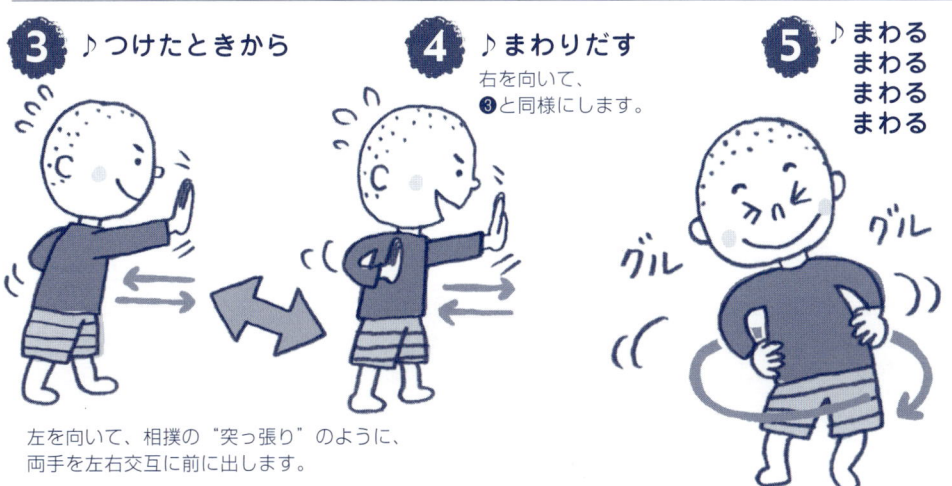

左を向いて、相撲の"突っ張り"のように、両手を左右交互に前に出します。

4 ♪まわりだす

右を向いて、❸と同様にします。

5 ♪まわる まわる まわるよまわる
　　まわる まわる とまらない
　　まわる まわる まわるよまわる
　　まわる まわる とまらない

両手を腰に当てて、腰を回します。

2回目

6 ♪まわる まわる まわるよまわる
　　まわる まわる とまらない

最初の「♪まわる…とまらない」（4小節間）は頭を回し、次の「♪まわる…とまらない」は両腕を回します。

3回目

7 ♪まわる まわる まわるよまわる
　　まわる まわる とまらない

最初の「♪まわる…とまらない」（4小節間）はその場で右に回り、次の「♪まわる…とまらない」は左に回ります。3度目は近くの友達と輪になって右に回り、4度目は左に回ります。3〜4度目にかけて、だんだん歌を速くしていきましょう。

やってみよう！

ほかにも、体のいろいろな部分を自由に回して遊ぶとおもしろいでしょう。

Point
2歳児クラスでは、友達と手をつなぐと回れない子もいます。
そんなときは1人で回って遊ぶようにしましょう。でも、回りすぎには注意！
十分に広い場所で踊ってくださいね。

まわしがまわる

作詞／鈴木翼　作曲／中川ひろたか

♩=152

この まわしが ね　すごいんだ　つけたときか
ら　まわりだす　まわる まわる
まわるよまわるまわ る まわる　とまらない まわる まわる　まわるよまわるまわ
る まわる　とまらない　とまらない まわ　とまらない

子どもたちって、くるくる回るのが好きです。いつもくるくる回って楽しそう。それを見ていたとき、ふと、不思議な「まわし」があって、それを着けたら回り出して止まらない…、というような話が思い浮かんでできた歌です。中川さんから届いたロシア民謡のようなメロディーが、相撲の歌なのになぜかぴったりなのです。

まわしは、締める物なので、
どうしたって、回らない。
お相撲さんのまわしが回ったとしたら、
それは、一大事だろう。
放送できない。
でも、この歌はおもしろい。
まわしのファンタジー。
すごい、歌。

ピアノ譜は **62** ページ

遊びのアレンジ

回る酒ぶたが、どうにもと・ま・ら・な・い

4～5歳向け

自分自身で存分に回ったら、つぎはいろいろな道具を回してみましょう。日本酒の酒ぶたを指ではじき、コマのように回して競う遊びです。古くからあるゲームなので、おじいさんが教えてくれるかも。

かっこいい酒ぶたやよく回る酒ぶたは価値が高く、勝負の競争心を駆り立てます。特に男子。

遊び方

ルール

テーブルの上や床などで一斉に酒ぶたを回し、いちばん長く回っていた子の勝ち。

ゲームの勝者は敗者の酒ぶたをもらえます。

Winner

酒ぶたの回し方（右利き用）

1

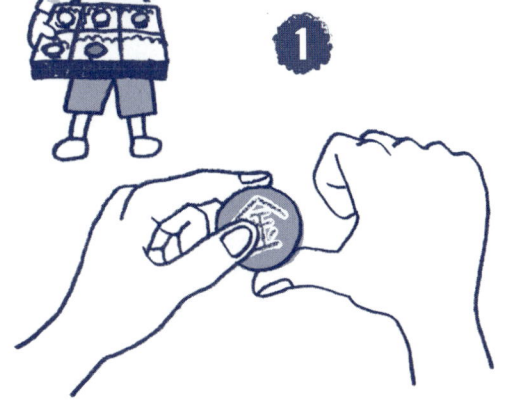

❶ 左手の親指で酒ぶたの頭を押さえ、人さし指でふたの胴を固定。右手の親指を胴の反対側に添えます。

2

❷ 竹とんぼを飛ばすように左右にひねり、酒ぶたを放ちます。

いろんなものを回してみよう

サイコロやコマ、丸くなった消しゴムやペットボトルのキャップなど。身近にある「回せるもの」を子どもたちといっしょに探すと楽しいですよ。

幼いころ酒ぶたやベーゴマなどで遊んでいたおじいさんは、コマ回しの達人のはず。そのテクニックを教わる機会もあるといいですね。

まわしがまわる

遊びのアレンジ

世界にハーモニー

基本遊び

心あたたまるメロディーに合わせて、みんなで仲よく、手を取り合ってうたいましょう。
以前に勤めていた保育園の発表会で、子どもたちが手をつないでうたってくれたときには、とってもあたたかくて涙が出ました。いろいろな所でうたってくれるとうれしいです。

1 ♪みんなのこえが こえが そらを こえて

みんなで輪になって両手をつなぎ、リズムに合わせて腕を前後に振ります。ひざを軽く屈伸しながらリズムをとりましょう。

2 ♪せかいにハーモニー

両手をつないだまま、左方向に回ります。

3 ♪みんなのこえが とどく はずさ だから せかいにハーモニー

❶から❷までと同様にします。

4 ♪ちいさな こどもの ぼくたちだって

両手をつないだまま、2拍ごとに、前後にジャンプを繰り返します(「♪ちい」で前に、「♪さな」で後ろにジャンプする要領で)。

5 ♪せかいで うたえば ね

両手をつないだまま、左右に揺れます。

6 ♪ひろがるよ

つないだ両手を上げます。

7 ♪みんなのうたが うたが くにを こえて

両手を上げたまま、左右に揺らします。

8 ♪せかいにハーモニー…
…ね ひろがるよ

❷から❻までと同様にします。

9 ♪ちいさな こどもの…
…ね ひろがるよ

❹から❻までと同様にします。

10 ♪みんなのうたが うたが…
…だから せかいにハーモニー

❼、❷から❸までと同様にします。

Point 世界地図を広げて国を知ったり、国旗を見たりしてみましょう。
いろんな世界を知るきっかけになればと思います。

3〜5歳向け

世界にハーモニー

基本遊び

世界にハーモニー

作詞／鈴木翼　作曲／中川ひろたか

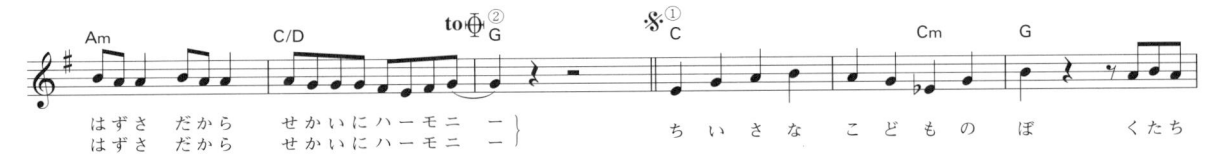

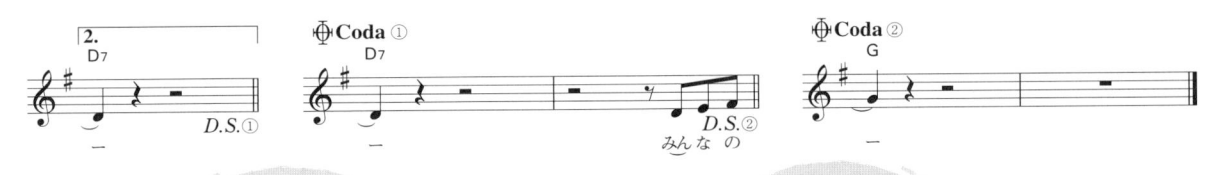

みんなの　こえが　こえが　そらを　こえて　せかいに　ハーモニー　みんなの　こえが　とどく
うたが　うたが　くにを　こえて　せかいに　ハーモニー　みんなの　うたが　とどく

はずさ　だから　せかいに　ハーモニー
はずさ　だから　せかいに　ハーモニー
ちいさな　こどもの　ぼくたち

だって　ー　せかいで　うたえば　ね　ひろがるよ　ー　みんなの

ある年の夏に行った広島で、初めて見た原爆ドーム。
見た瞬間から涙があふれていました。こんなことが
起きてはいけないと強く思い、東京へ帰る新幹線の
中で、この詞ができました。
子どもたちの声が、歌が国を越えて、世界
中にハーモニーが響く日の来ることを
願ってやみません。

初めは、歌詞が、前半しかなかった。
作っていくうちに、サビのメロディーができて、
それに詞を、あとからはめた。
大きな歌ができた。
子どもたちのきれいな声が聞こえてきそう。
それは、どこまでもどこまでも伝わって、
やがて世界のハーモニーになっていくん
だよ。

ピアノ譜は **64** ページ

遊びのアレンジ　手話で話しながらうたおう

基本遊びの歌に、手話を加えてうたってみます。
同じ動きがなん度も出てくるので、繰り返しながら楽しく覚えていきましょう。

世界にハーモニー　手話バージョン　※　の中の文字は、手話の意味を表します。

手話通訳／木下耕一

1 ♪みんなの　みんな
右手のひらを下に向け、体の前で半円を描くように右から左に水平に動かします。

2 ♪こえが　こえが　声
右手の親指と人さし指で輪を作り、それをのどの前からまっすぐ前方へ動かします。

3 ♪そらを　空
右手の指を5本ともまっすぐ伸ばし、頭上で左から右へ弧を描くように動かします。

4 ♪こえて　伝わる
「空を伝わって世界に届く」と表現しています。

両手の親指と人さし指で作った輪を鎖のようにつなぎ、それを胸の前から前方に動かします。山を越えるように、山なりな形で動かすのがポイントです。

5 ♪せかいに　世界、地球、国際
胸の前でボールをつかむように、5本の指を軽く曲げた両手を向かい合わせ、そのまま手首をひねって前に回転させます。

地球が回っている様子を表す

6 ♪ハーモニー　歌、うたう 
両手の人さし指と中指をそろえて立て、そのままの形で口の両側から声が広がっていくように、曲線を描いて左右斜め上前方へ2回動かします。

7 ♪みんなの　みんな
❶と同様にします。

8 ♪こえが　声
❷と同様にします。

9 ♪とどく　伝わる
❹と同様にします。

10 ♪はずさ　思う 
右手の人さし指を伸ばしてこめかみに当てます。

11 ♪だから
~だから、~なので

両手の親指と人さし指で作った輪を鎖のようにつなぎ、それを胸の前から少しだけ前方へ動かします。

※❹の「こえて」とほぼ同じですが、こちらの方が動かす距離が短いことに注意

12 ♪せかいに
世界、地球、国際 ❺と同様にします。

13 ♪ハーモニー
歌、うたう ❻と同様にします。

14 ♪ちいさな
小さい、背が低い

右手のひらを下に向け、それを目の高さから腰の高さまで下げます。

15 ♪こどもの
子ども

右手のひらを下に向け、横に並んだ子どもたちの頭に、ひとりずつ手をおいていくように左から右へ動かします。

16 ♪ぼく
私、ぼく

人さし指で自分を指さします。

17 ♪たちだって
みんな ❶と同様にします。

18 ♪せかいで
世界、地球、国際 ❺と同様にします。

19 ♪うたえばね
歌、うたう

❻と同様にします。「ね」で軽く首をかしげます。

20 ♪ひろがるよ
広がる、流行する

軽く握った両手を下に向け、親指どうしをくっ付けます。それを、胸の前から左右に開きつつ、指を開いていきます。

21 ♪みんなの
みんな ❶と同様にします。

22 ♪うたが うたが
歌、うたう ❻と同様にします。

23 ♪くにを
国

親指と他の4指を離した状態で、両手を胸の前で図のように合わせます。次に、手を左右に引きながら親指と4指をくっ付けていきます。

24 ♪こえて
伝わる ❹と同様にします。

25 ♪せかいに
世界、地球、国際 ❺と同様にします。

26 ♪ハーモニー
歌、うたう ❻と同様にします。

27 ♪みんなの
みんな ❶と同様にします。

28 ♪うたが
歌、うたう ❻と同様にします。

29 ♪とどく
伝わる ❹と同様にします。

30 ♪はずさ
思う ❿と同様にします。

31 ♪だから
~だから、~なので ⓫と同様にします。

32 ♪せかいに
世界、地球、国際 ❺と同様にします。

33 ♪ハーモニー
歌、うたう ❻と同様にします。

世界にハーモニー 遊びのアレンジ 3~5歳向け

ピアノ・アレンジ

ジャンジャラポーズ

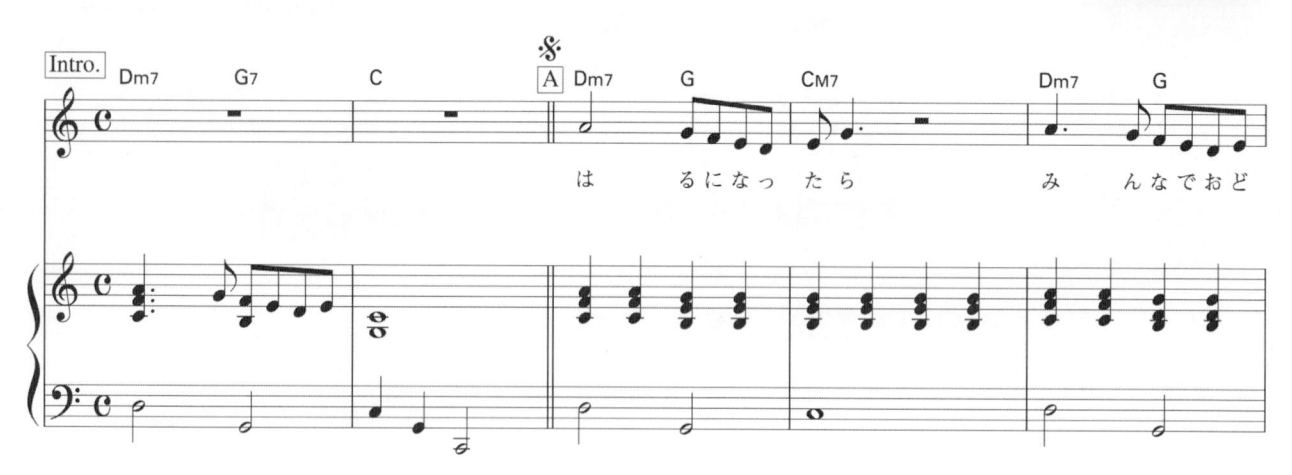

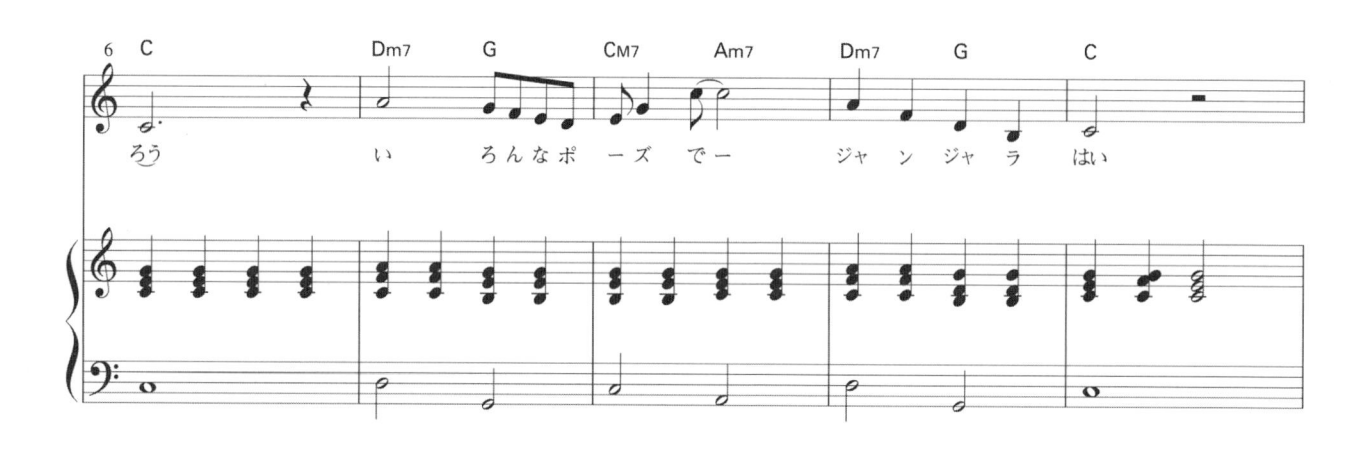

●作詞／鈴木翼 ●作曲／中川ひろたか ●アレンジ／大友剛

→ 歌と遊びは **4** ページ

ジャンジャラポーズ

ピアノ・アレンジ

てんとうむし

歌と遊びは
8
ページ

●作詞／鈴木翼　●作曲／中川ひろたか　●アレンジ／大友剛

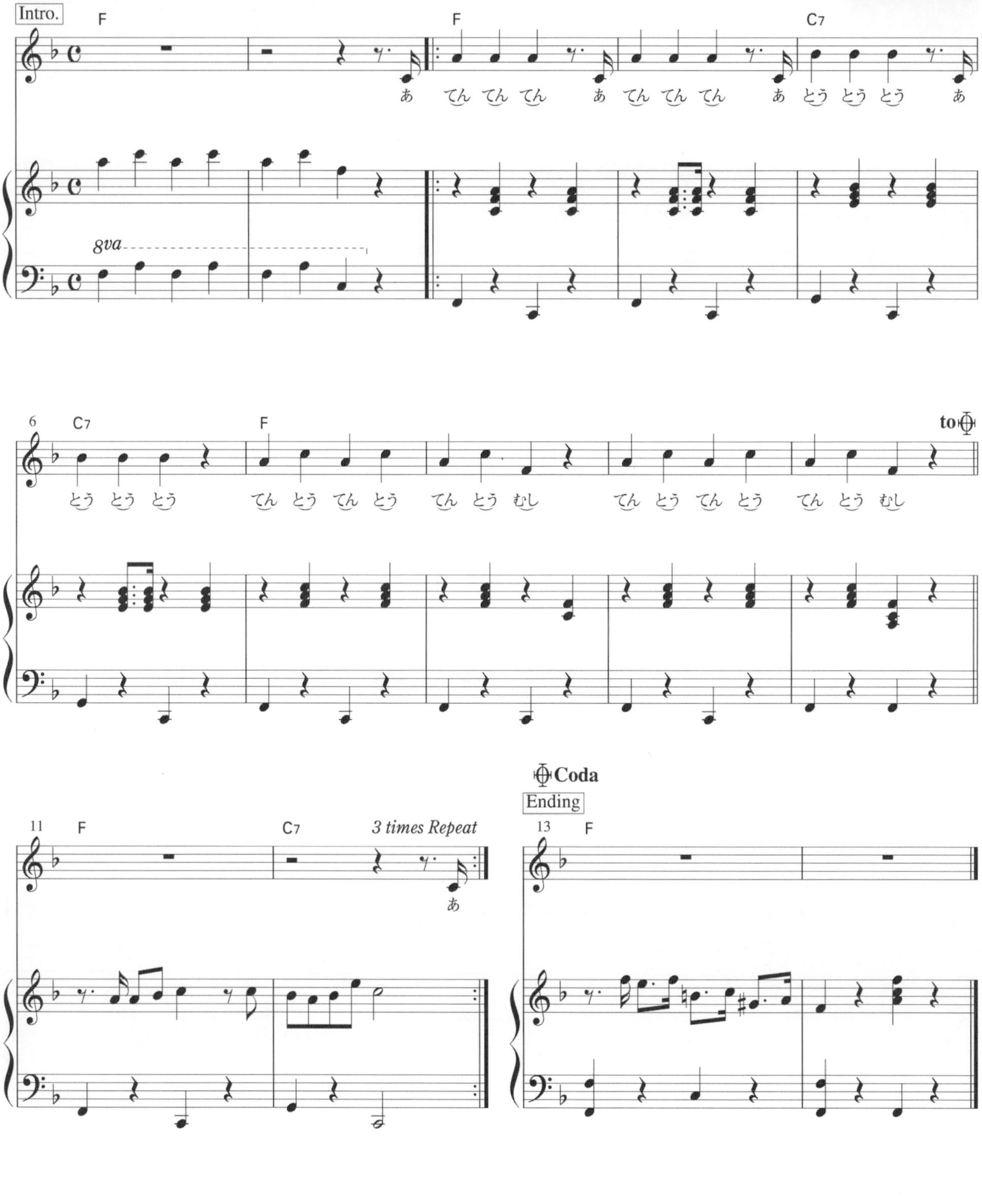

ピアノ・アレンジ

はなびがぼん

●作詞／鈴木翼　●作曲／中川ひろたか　●アレンジ／大友剛

→ 歌と遊びは **12** ページ

A
おなかに ひびく はなびの おとは

どんどーん ばらどん どんどーらどん

よぞらに ひろがる はなびの おとは

18
B♭ F/A C7 F
どんどーんばらどん どんどーらどん
22
B
Gm C7 Gm G7
おちてきそうで どんばーびぽん
26
A7 Dm7 G7 C7
ほしになりそうで ぽんばーびぽん
30
F C/E Dm7 Am/C
みんなでみあげる きれいなはなび

はなびがぽん

ピアノ・アレンジ

がいこつおどるん

●作詞／鈴木翼　●作曲／中川ひろたか　●アレンジ／大友剛

→ 歌と遊びは **15** ページ

1. まんまるまんげつ　かがやいて　こんやはがいこつ　パーティーナイト
2. つきのひかりに　てらされて　こんやはがいこつ　パーティーナイト

ほねはゆれるよ　ぶつかっちゃうよ　それでもうたうん　ゆかいなやつらさ
ほねはふるえる　くずれっちゃうよ　それでもおどるん　ゆかいなやつらさ

がらがらがっくん　がいこつおどるん（ふぅ〜）　ごつごつごっつん　がいこつうたうん（ふぅ〜）

52

がいこつおどるん

ピアノ・アレンジ
きょうりゅうがどーん

●作詞／鈴木翼 ●作曲／中川ひろたか ●アレンジ／大友剛

→ 歌と遊びは 18 ページ

1. どっしんしん どっしんしん きょうりゅうがどーん
2. ずっしんしん ずっしんしん きょうりゅうがどーん

あしおとひびかせ やってきた おおきなしっぽを ふりならし
あとからあとから やってくる おおきなからだを ふりならし

どっしんしん どっしんしん あるいてく ネズミも スリッパも
ずっしんしん ずっしんしん あるいてく パパも ママも

きょうりゅうがどーん

ピアノ・アレンジ

どんぐりはっけんたい

●作詞／鈴木翼　●作曲／中川ひろたか　●アレンジ／大友剛

→ 歌と遊びは **21** ページ

ピアノ・アレンジ
おふろ

●作詞／鈴木翼 ●作曲／中川ひろたか ●アレンジ／大友剛

→ 歌と遊びは **24** ページ

1.2. お ふ ろ ひとっぷ ろ はいるかい はいるかい みんな でひとっぷろ
はいるかい あわだちきぶんはふわっ ふ〜
{ きもちがいいよね
  きれいになったね }
{ あはっ は〜 あは〜〜
  えへっ へ〜 えへ〜〜 }

1 2 3 4 5 6 7 8
9 10 お ふ ろ ひとっぷ ろ あがり

おふろ

ピアノ・アレンジ
不思議なサンタクロース

●作詞／鈴木翼　●作曲／中川ひろたか　●アレンジ／大友剛

→ 歌と遊びは **28** ページ

B
C G/B D7 G C G/B A7 D7 G
ふしぎだねサンタクロース
そらのうえから やってくるのさ サンタクロース きっ
すずのねひびかせ やってくるのさ サンタクロース しん
C/G G C/G G to Coda D7 G D7 G
1. 2.
とねがえば みんなのところに やってくるのさ
じていれば みんなのところに やっ てくるのさ
D.S.
Coda
Ending
D7 G CM7 G/B D7 G GM7
てくるのさ
rit.

ピアノ・アレンジ
はやいはやぶさ

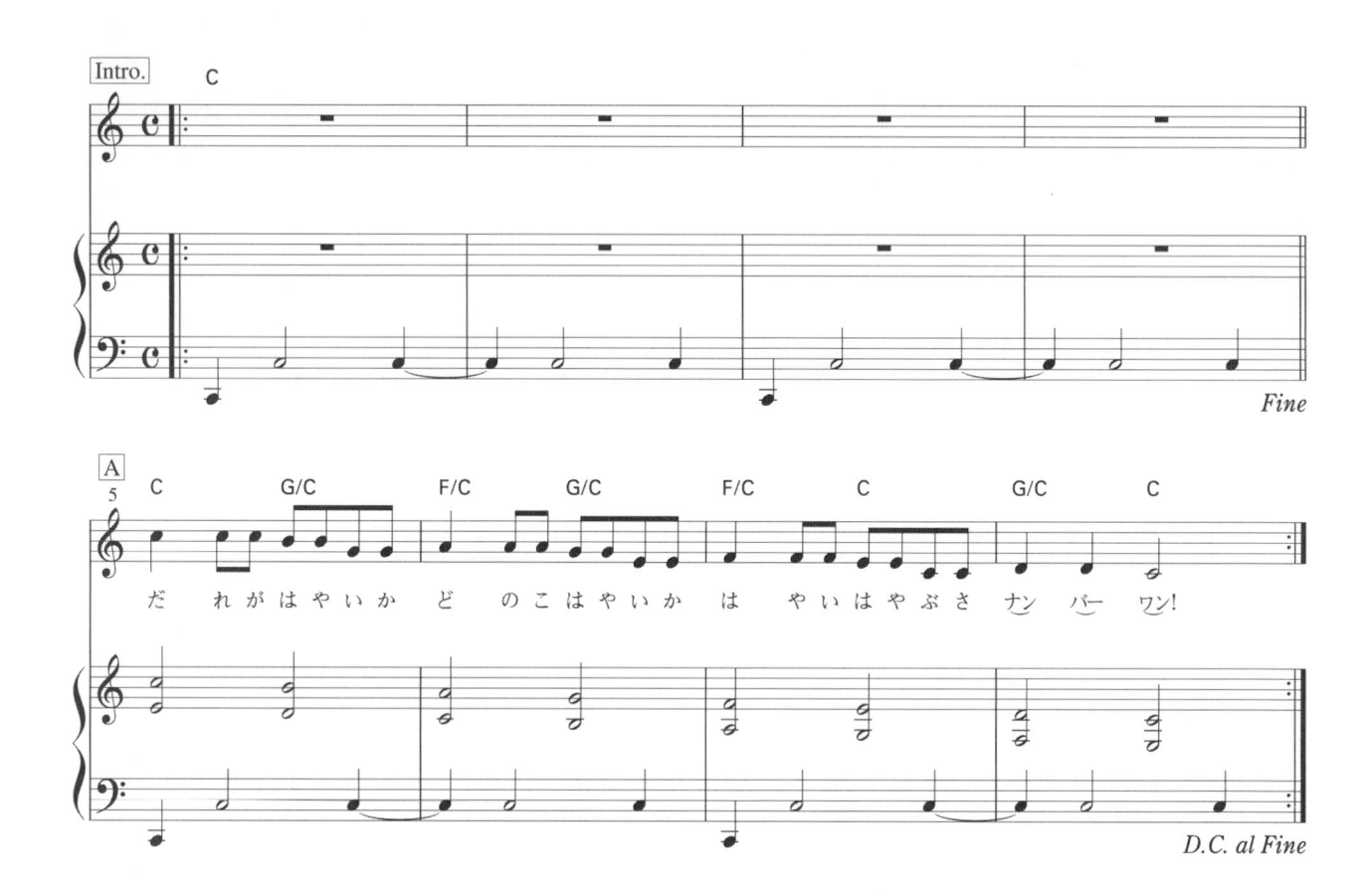

●作詞／鈴木翼　●作曲／中川ひろたか　●アレンジ／大友剛

歌と遊びは **32** ページ

だ れがはやいか ど のこはやいか は やいはやぶさ ナン バー ワン!

ピアノ・アレンジ
あつまってあっつー

●作詞／鈴木翼　●作曲／中川ひろたか　●アレンジ／大友剛

→ 歌と遊びは **35** ページ

1. おしりと おしり
2. せなかと せなか
3. おはなと おはな
あつまれ あつー
あつまり あつまって あっちあっち あつー

さむいときには
ここも ぽかぽかいいね

あつまれ あつー　あつまり あつまって あっちあっち あつー

ピアノ・アレンジ
まわしがまわる

●作詞／鈴木翼 ●作曲／中川ひろたか ●アレンジ／大友剛

➡ 歌と遊びは **39** ページ

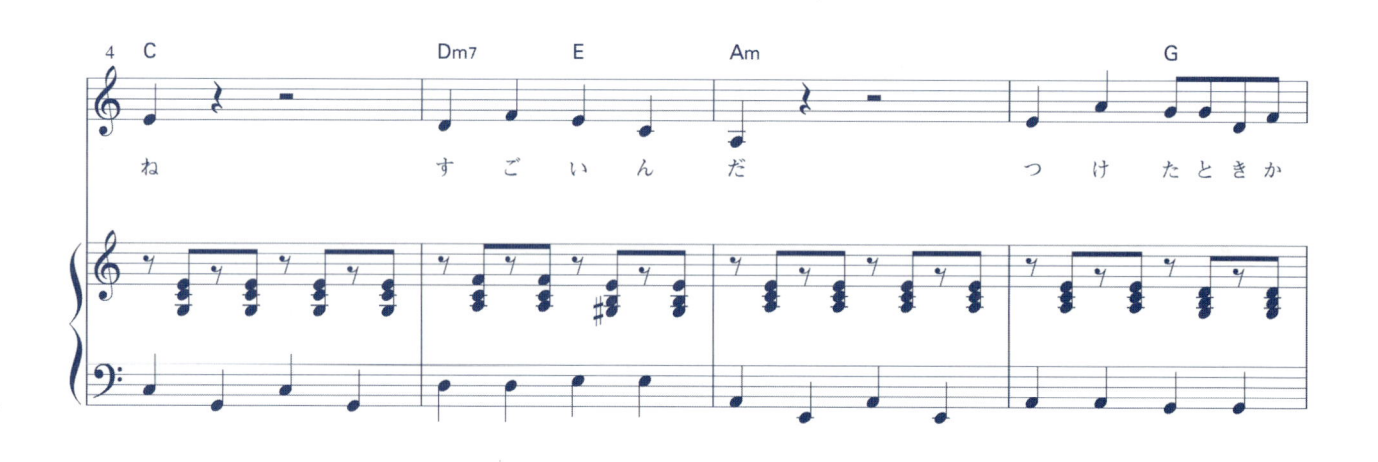

まわしがまわる

63

ピアノ・アレンジ

世界にハーモニー

●作詞／鈴木翼 ●作曲／中川ひろたか ●アレンジ／大友剛

歌と遊びは
42
ページ

世界にハーモニー

ペーパードール シアター おべんとうバス

2-5歳児

翼くんも好きな大人気絵本『おべんとうバス』(ひさかたチャイルド刊)をシアターにしました。
CDのボーナストラック「おべんとうバス」の歌に合わせて、ペーパードールで演じましょう。 
ハンバーグくんにたまごやきさん、ブロッコリーくんにトマトちゃん…。
かわいいキャラクターがバスに乗ってきます。
さあ、みんなそろったら、おいしいお弁当のできあがり！ 給食やお弁当の前に最適のシアターです。

このシアターで使う人形

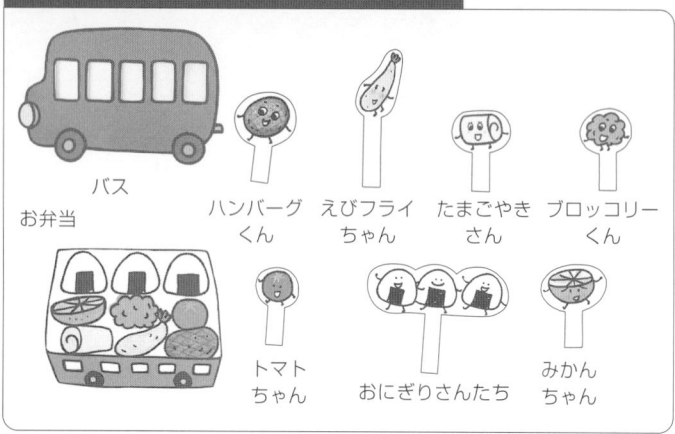

- バス
- お弁当
- ハンバーグくん
- えびフライちゃん
- たまごやきさん
- ブロッコリーくん
- トマトちゃん
- おにぎりさんたち
- みかんちゃん

作り方

バス

① 70〜71ページの型紙を、すべて同じ拡大率(200%)でコピーする。

② バスを厚紙などにはり、外形と窓の中を切り抜く。

③ カバー後ろの色見本を参考に、色をぬる。

④ 裏側に、下の図のように、「バスの補強／上」「バスの補強／下」と「ポケットA」「ポケットB」をはる。型紙のコピーから、少し厚めの紙に写して使うとよい。

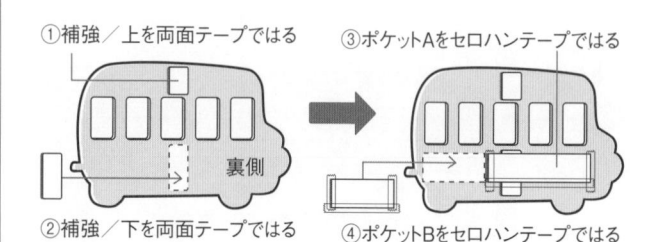

- ①補強／上を両面テープではる
- ②補強／下を両面テープではる
- ③ポケットAをセロハンテープではる
- ④ポケットBをセロハンテープではる

人形

① バスと同様、200%に拡大コピーし、厚紙などにはる。

② 外側の持ち手の形で切り抜き、色をぬる。

1

● 右手にバスを持って登場し、バスを揺らしながらうたいます。

♪おべんとおべんとおべんとバス
　みんなでおでかけ　ぶるるるるん

楽しいバスのお話をします

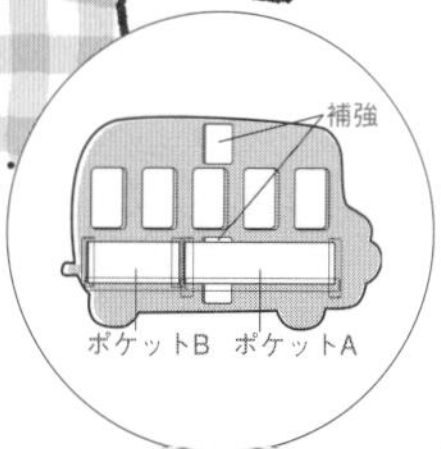

保育者 きょうは、楽しいバスのお話をします。ブブー！ かわいい真っ赤なバスがやって来ました。さあ、みんなでお出かけです。みなさーん、バスに乗ってください。

補強
ポケットB　ポケットA

2

やったー、一番乗りだ！

ハンバーグくーん！

はーい！

● 左手にハンバーグくんを持って
保育者 ハンバーグくーん！
ハンバーグくん はーい！

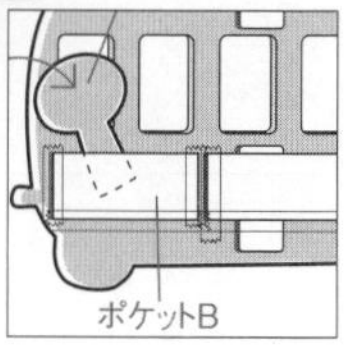

● ハンバーグくんを歩いているように動かしながら
ハンバーグくん やったー、一番乗りだ！ 一番後ろに座ろうっと。

● ハンバーグくんをバスに飛び乗るように動かし、バスのポケットに入れます。

● バスを揺らしながらうたいます。

♪おべんとおべんとおべんとバス
　みんなでおでかけ　ぶるるるるん

原作・作詞／真珠まりこ　作曲／中川ひろたか　撮影／正木達郎　作り方イラスト／みつき

3
●左手にえびフライちゃんを持って

保育者　　　　　はい、次はえびフライちゃん。
えびフライちゃん　はーい！

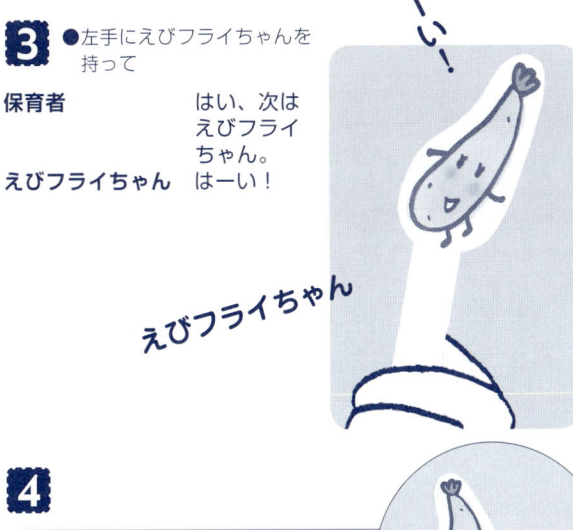

えびフライちゃん

4

おはよう！

●えびフライちゃんを、スキップしているように弾ませて
えびフライちゃん　あっ、ハンバーグくん、おはよう！
わたしはハンバーグくんの隣に座ろうーっと。

●えびフライちゃんをハンバーグくんの隣に乗せます。
●バスを揺らしながらうたいます。

♪おべんとおべんとおべんとバス
　みんなでおでかけ　ぶるるるるん

5
●左手にたまごやきさんを持って

保育者　　　　たまごやきさーん！
たまごやきさん　はーい！

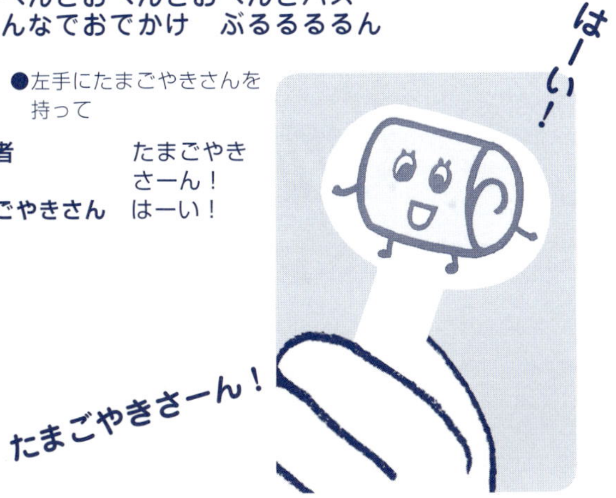

たまごやきさーん！

6

おはよう！

●たまごやきさんを、ササササッとすばやく歩くように動かして
たまごやきさん　ハンバーグくん、えびフライちゃん、
　　　　　　　　おはよう！

●たまごやきさんをえびフライちゃんの手前に乗せます。

7
●バスを揺らしながらうたいます。
　♪おべんとおべんとおべんとバス
　　みんなでおでかけ　ぶるるるるん

♪みんなでおでかけ
　ぶるるるるん

ペーパードールシアター **おべんとうバス**

8

●ブロッコリーくんとトマトちゃんを左手でいっしょに持って
保育者　ええっと、あとは、ブロッコリーくーん。
　　　　　それから、トマトちゃん。
ブロッコリーくん　はい、はーい！
トマトちゃん　はーい！

9

●ブロッコリーくんとトマトちゃんを、
　手をつないで歩いているように動かしながら
ブロッコリーくん　おはよう、ハンバーグくん、
　　　　　えびフライちゃん、たまごやきさん。
トマトちゃん　おはよう、みんな！
みんな　おはよう！

●ブロッコリーくんとトマトちゃんをたまごやきさんの隣に乗せます。
●バスを揺らしながらうたいます。

♪おべんとおべんとおべんとバス
　みんなでおでかけ　ぶるるるるん

10

●左手におにぎりさんたちを持って
保育者　おにぎりさんたちー。
　　　　　おにぎりさんたちはまだかな？

●それぞれ声色を変えながら
おにぎりさんたち　はーい！はい！はーーい！
　　　　　おはよう！おはよう！おはよーう！

●おにぎりさんたちをトマトちゃんの後ろに乗せます。
●バスを揺らしながらうたいます。

♪おべんとおべんとおべんとバス
　みんなでおでかけ　ぶるるるるん

11

●バスを持った右手を少し前に出しながら
保育者　さあ、みんなそろいましたか？
みんな　まだでーす！
保育者　えっ!?　まだ来ていないのは、だあれ？

12

●バスを右手で持ったまま、左手にみかんちゃんを持って

みかんちゃん　待って〜！　バスさ〜ん！
　　　　　　　みんなー、待ってー！
みんな　　　あ、みかんちゃんだ。早く、早く！

13

●みかんちゃんを、走っているように大きく動かしながら、
　バスに近づけます。

●みかんちゃんをトマトちゃんの隣に乗せます。

みんな　　　みかんちゃん、間に合って、よかったね。
みかんちゃん　あー、よかったー！

14

もうすぐもうすぐ

●バスを体の正面で両手で持ち

保育者
はーい、これでみんなそろいました。じゃあ、出発しまーす。
みんないっしょでうれしいね。
歌をうたいながら行きましょう！

●みんなでうたいながら、バスをリズムに合わせて動かします。

♪おべんとおべんとおべんとバス
　みんなでおでかけ　ぶるるるるん
　おべんとおべんとおべんとバス
　そろってしゅっぱつ　ぶるるるるん
　おべんとおべんとおべんとバス
　いっしょにゆられて　ぶるるるぶるるるん
　おべんとおべんとおべんとバス
　もうすぐもうすぐ　いただきます

15
●バスを下に置き、お弁当を持って

保育者
楽しいバスが、おいしそうなお弁当になりました。
さあ、みんないっしょにいただきまーす！

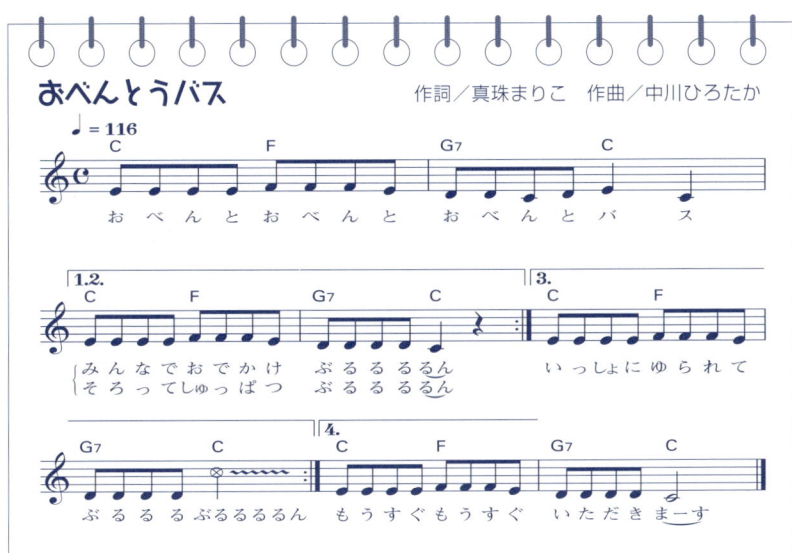

いただきまーす！

おべんとうバス
作詞／真珠まりこ　作曲／中川ひろたか

♩=116

おべんとおべんと　おべんとバス

みんなでおでかけ　ぶるるるるん
そろってしゅっぱつ　ぶるるるるん
いっしょにゆられて
ぶるるるぶるるるん　もうすぐもうすぐ　いただきまーす

ペーパードールシアター **おべんとうバス**

おべんとうバス・ペーパードール型紙

※ 200%に拡大コピーして使用

バス

ポケットA

ポケットB

バスの補強／上

バスの補強／下

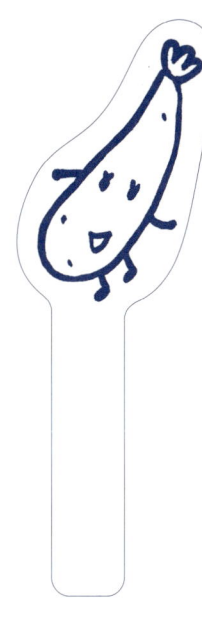

えびフライちゃん

おべんとう

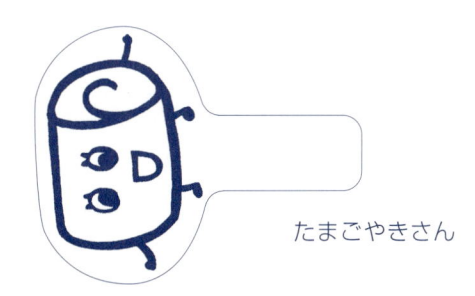

たまごやきさん

トマトちゃん　みかんちゃん

ブロッコリーくん

ハンバーグくん

おにぎりさんたち

著者紹介

作詞・遊びアイデア●鈴木　翼
私立保育園、子育て支援センターに8年勤務後2009年4月からあそび歌作家へ。保育者向け講習会のほか、保育雑誌への執筆、保育園や幼稚園、子育て支援センターなどであそび歌ライブを行っている。

作曲●中川ひろたか
保育士5年、バンド「トラや帽子店」のあと、シンガーソング絵本ライターとして活躍中。歌に「世界中のこどもたちが」「みんなともだち」ほか、絵本に『ないた』（金の星社）、『もちづきくん』（ひさかたチャイルド）ほか、作品多数。

- ●ピアノアレンジ／大友　剛
- ●手話通訳（世界にハーモニー）／木下耕一
- ●「おべんとうバス」原作／真珠まりこ
- ●表紙・本文デザイン／日本アートグラファ（田中皓子）
- ●表紙・本文イラスト／大森裕子
- ●楽譜製作／株式会社クラフトーン
- ●CD制作／ソングレコード
- ●編集協力／遠藤妙子
- ●本文校正／くすのき舎
- ●楽譜校正／高松紫音
- ●編集担当／石山哲郎　鶴見達也

＊本書の型紙は、園や学校、図書館等にて子どもたちにシアターを演じる方が、個人または園用に製作してお使いいただくことを目的としています。本書を使用して製作されたものを第三者に販売することはできません。また、型紙以外のページをコピーして配布・販売することは、著作権者および出版社の権利の侵害となりますので、固くお断りいたします。

鈴木翼＆中川ひろたかの うたのつばさ
楽しくうたって遊ぼう

2010年7月　初版第1刷発行
2016年2月　　　第3刷発行

著　者／鈴木翼、中川ひろたか
　　　© Tsubasa Suzuki, Hirotaka Nakagawa 2010
発行人／浅香俊二
発行所／株式会社チャイルド本社
　　　〒112-8512　東京都文京区小石川5-24-21
　　　電話：03-3813-2141（営業）　03-3813-9445（編集）
　　　振替：00100-4-38410
日本音楽著作権協会（出）許諾第1007927-503号
印刷・製本所／図書印刷株式会社
ISBN／978-4-8054-0168-2
NDC376　25.7×21.0cm　72P

○乱丁・落丁本はお取り替えいたします。
○本書の内容の一部あるいは全部を無断で複写することは、法律で認められた場合を除き、著作権者および出版社の権利の侵害となりますので、その場合は予め小社あて許諾を求めてください。

チャイルド本社ホームページアドレス
http://www.childbook.co.jp/
チャイルドブックや保育図書の情報が盛りだくさん。どうぞご利用ください。